LAS ANTIGUAS CIVILIZACIONES

LA ANTIGUA ROMA

DANIEL R. FAUST
TRADUCIDO POR ALBERTO JIMÉNEZ

Gareth Stevens
PUBLISHING

EN CONTEXTO

Please visit our website, www.garethstevens.com. For a free color catalog of all our high-quality books, call toll free 1-800-542-2595 or fax 1-877-542-2596.

Library of Congress Cataloging-in-Publication Data

Names: Faust, Daniel R., author.
Title: La antigua Roma / Daniel R. Faust.
Description: New York : Gareth Stevens Publishing, 2019. | Series: Las antiguas civilizaciones | Includes index.
Identifiers: LCCN 2018022957| ISBN 9781538236727 (library bound) | ISBN 9781538236703 (pbk.) | ISBN 9781538236710 (6 pack)
Subjects: LCSH: Rome—History—Juvenile literature. | Rome—Civilization—Juvenile literature.
Classification: LCC DG77 .F83 2019 | DDC 937—dc23
LC record available at https://lccn.loc.gov/2018022957

First Edition

Published in 2019 by
Gareth Stevens Publishing
111 East 14th Street, Suite 349
New York, NY 10003

Translator: Alberto Jiménez
Editor, Spanish: María Cristina Brusca
Designer: Reann Nye

Photo credits: Series art (writing background) mcherevan/Shutterstock.com, (map) Andrey_Kuzmin/Shutterstock.com; cover, p. 1 givaga/Shutterstock.com; p. 5 mekcar/Shutterstock.com; p. 7 Skoda/Shutterstock.com; p. 9 Cris Foto/Shutterstock.com; p. 11 Stefano Bianchetti/Corbis Historical/Getty Images; p. 13 Brian Maudsley/Shutterstock.com; p. 15 ullstein bild Dtl./ullstein bild/Getty Images; p. 17 Viacheslav Lopatin/Shuttersrock.com; p. 19 Cortyn/Shutterstock.com; p. 21 Ray Wise/Moment/Getty Images; p. 23 Phant/Shutterstock.com; p. 25 koyash07/Shutterstock.com; p. 27 Highlywood Photography/Moment/Getty Images; p. 29 muratart/Shutterstock.com.

Printed in the United States of America

CPSIA compliance information: Batch #CW19GS: For further information contact Gareth Stevens, New York, New York at 1-800-542-2595.

CONTENIDO

Las palabras del glosario se muestran en **negrita** la primera vez que aparecen en el texto.

DE LAS VILLAS A LA CIUDAD

Roma comenzó como varios pueblos pequeños construidos en las colinas cerca del río Tíber, en Italia, alrededor del año 800 a. C. Estas aldeas comenzaron a unirse formando una ciudad más grande en los años 700 a. C. Hacia el año 600 a. C. la ciudad de Roma fue conquistada por el pueblo de los etruscos.

Si quieres saber más

Según antiguas historias, Roma fue fundada por dos hermanos gemelos, Rómulo y Remo. Los hermanos querían construir una ciudad, pero se peleaban por el lugar. Rómulo mató a Remo y llamó a la ciudad "Roma" en su honor.

LLEGA LA REPÚBLICA

Roma fue gobernada por los etruscos por cerca de 100 años. Durante este tiempo, la ciudad creció y se hizo muy poderosa. Pero los romanos, dirigidos por Lucio Junio Bruto, derrocaron al último rey etrusco en el año 509 a. C. Roma se convirtió entonces en una **república**.

Si quieres saber más

La gente de la Roma primitiva aprendió prácticas comerciales de los etruscos. En la **religión** y el arte, sus principales maestros fueron los griegos que vivían al sur.

En lugar de un rey,
la República romana tenía dos cónsules. Eran jefes militares que ocupaban sus puestos solo por un año para no volverse demasiado poderosos. Juntos, trabajaron con cientos de miembros del Senado que servían de por vida (es decir, eran puestos vitalicios).
El Senado era el órgano de Gobierno de Roma.

Si quieres saber más

Hacia el año 450 a. C., la República romana había comenzado a seguir un conjunto de leyes llamadas las Doce Tablas que otorgaban derechos a todos los ciudadanos y ayudaron a crear las futuras leyes.

SOCIEDAD ROMANA

La sociedad romana estaba formada por dos grupos. Los patricios, que eran la clase alta, rica y terrateniente. Los plebeyos, ciudadanos ordinarios o regulares, eran la clase baja y mucho más numerosa. Los patricios hacían las leyes y llevaban las riendas del poder, mientras que los plebeyos tenían muy pocos derechos.

Plebeyos sirviendo la comida a patricios

Si quieres saber más

Roma tenía un ejército poderoso que estaba muy organizado y bien entrenado. El ejército estaba formado por legiones, o grupos de soldados.

ROMA SE EXPANDE

Los romanos pronto comenzaron a **conquistar** a los pueblos vecinos, incluyendo a los etruscos, hacia el 396 a. C. En el año 275 a. C., Roma había conquistado a los samnitas al norte y a los griegos al sur. Roma controlaba ahora toda la **península** italiana.

Antiguo camino romano

Si quieres saber más

A partir del año 312 a. C., los romanos construyeron 80,467 km de vías o caminos. Estos caminos unían toda Roma y ayudaban a su ejército a moverse más fácilmente.

Cartago era un poderoso **imperio** en el norte de África y el suroeste de Europa que controlaba el área del **Mediterráneo**. Entre los años 264 y 146 a. C., Cartago y Roma libraron tres guerras llamadas guerras púnicas. Roma ganó y se convirtió en la civilización más poderosa del Mediterráneo.

Si quieres saber más

Mientras luchaba contra Cartago, Roma también luchó en las cuatro guerras macedonias (215-148 a.C.). Roma ganó estas guerras y aumentó su poder en el Mediterráneo.

GUERRAS CIVILES

A medida que Roma crecía, la mayor parte de la atención del Gobierno estaba en las nuevas tierras, en vez de centrarse en quienes vivían dentro de la República. Esto desencadenó muchas **guerras civiles** entre las clases sociales. En el 73 a. C., Espartaco, un **gladiador**, lideró a miles de esclavos en una guerra civil contra Roma.

Espartaco

Si quieres saber más

Julio César fue elegido cónsul de Roma en el año 60 a. C. Cayo Julio César, Cneo Pompeyo Magno y Marco Licinio Craso formaron lo que hoy se conoce como el Primer Triunvirato, que era un trío de poderosos gobernantes.

¡SALVE, CÉSAR!

Julio César era un afamado general. Bajo su mando, el noroeste de Europa pasó a formar parte de la República romana. Sin embargo, algunos senadores pensaron que César se estaba volviendo demasiado poderoso. Su ejército luchó contra el ejército de Pompeyo del 49 al 45 a. C. César se alzó con la victoria y fue nombrado dictador de Roma.

Si quieres saber más

Hoy día, la palabra "dictador" significa alguien que gobierna con todo el poder. Un dictador romano era alguien a quien se le daba completo poder sobre el país durante tiempos difíciles.

En el 44 a. C., César fue asesinado por miembros del Senado que temían que Roma se convirtiera en una **monarquía**. César había designado heredero previamente, lo que significaba que Octavio, su sobrino, gobernaría Roma después de su muerte. En el año 31 a. C., Octavio se convirtió en el primer emperador de Roma.

César Augusto

Si quieres saber más

Octavio recibió el nombre de César Augusto el año 27 a. C. Su gobierno comenzó un período de 200 años que ahora se conoce como *pax romana*.

PAX ROMANA

Durante la *pax romana*, el Imperio romano alcanzó su mayor expansión. Había paz para su creciente número de ciudadanos y se invertía más tiempo y dinero en las artes. El Panteón, templo terminado alrededor del año 126 d. C., es conocido por su gran techo abovedado (redondeado, en forma de bóveda o cúpula).

Si quieres saber más

La religión romana temprana tuvo a muchos dioses y diosas que se honraban en templos. Esto duró hasta alrededor del siglo IV, cuando el cristianismo ganó popularidad.

Panteón

CONVERTIRSE EN IMPERIO

La República romana se convirtió en un Imperio cuando César Augusto llegó al poder. El Imperio romano siguió expandiéndose bajo el mando de César Augusto y los emperadores que le sucedieron. Hacia el año 117 d. C., controlaba la mayor parte de Europa, el norte de África y Asia occidental.

Si quieres saber más

Conforme el Imperio romano crecía, su cultura, sus creencias y forma de vida, se expandían. Su lengua, el latín; sus **políticas**; el derecho y la **arquitectura** llegaron a todo el mundo.

DECADENCIA Y CAÍDA

Hacia el año 395 d. C., el Imperio romano se había vuelto demasiado grande y estaba dividido en el Imperio de Occidente y el Imperio de Oriente. Los países del Imperio de Oriente, llamado también Imperio bizantino, fueron perdiendo progresivamente gran parte de su cultura romana original.

Si quieres saber más

En el año 410 d. C., la ciudad de Roma fue destruida por un grupo de pueblos **germánicos** llamados visigodos. Saquearon los bienes romanos y obligaron a muchos ciudadanos a marcharse.

El Imperio de Occidente comenzó a debilitarse. Las tribus germánicas del norte llegaban a atacar e invadir Roma y los líderes romanos empezaron a **abusar** de su poder. El Imperio de Occidente cayó en el año 476 d. C. ante los germanos. El Imperio oriental, sin embargo, se mantuvo fuerte.

Santa Sofía, templo del Imperio bizantino.

Si quieres saber más

Durante los siguientes 200 años, los emperadores bizantinos ayudaron al pueblo romano. Pero fue hasta el siglo VIII que la ciudad de Roma volvió a ser poderosa.

LÍNEA DEL TIEMPO DE LA ANTIGUA ROMA

700 a. C.
Villas próximas al Tíber forman una ciudad que se convertirá en Roma.

c. 600 a. C.
Roma es conquistada por los etruscos.

509 a. C.
Roma se convierte en República.

c. 450 a. C.
Se crea el conjunto de leyes escritas llamado las Doce Tablas.

60 a. C.
Se forma el primer Triunvirato.

45 a. C.
Julio César derrota a Pompeyo y es nombrado dictador de Roma.

44 a. C.
Unos senadores romanos matan a Julio César.

31 a. C.
Octavio (César Augusto) se convierte en emperador. Comienza el Imperio romano.

27 a. C.
La *pax romana*, un período de paz y crecimiento en Roma, comienza y dura unos 200 años.

395 d. C.
El Imperio romano se divide en el Imperio de Occidente y el Imperio de Oriente, o bizantino.

476 d. C.
Roma es invadida por tribus germánicas. Cae el Imperio de Occidente.

GLOSARIO

abusar: usar algo erróneamente.

arquitectura: método o estilo de construcción.

guerra civil: guerra entre dos grupos dentro de un país.

conquistar: tomar por la fuerza.

imperio: territorio de gran extensión bajo el control de un único gobernante llamado emperador.

germánico: término utilizado por los antiguos romanos para referirse a los pueblos que vivían al norte de Europa central.

gladiador: luchador de la antigua Roma que luchaba contra otro gladiador o contra un animal para entretenimiento de la plebe.

Mediterráneo: mar entre Europa y África. También, el área que rodea este mar.

monarquía: gobierno encabezado por un rey o una reina.

península: sección de tierra no muy ancha que se extiende entre el mar y el continente.

política: actividades del gobierno y de los funcionarios gubernamentales.

religión: creencia y forma de honrar a un dios o dioses.

república: forma de gobierno en la que el pueblo elige a las autoridades que se encargarán de gobernar.

PARA MÁS INFORMACIÓN

LIBROS

Klar, Jeremy. *The Totally Gross History of Ancient Rome*. New York, NY: Rosen Central, 2016.

O'Connor, Jim. *Where Is the Colosseum?* New York, NY: Grosset & Dunlap, 2017.

SITIOS DE INTERNET

10 datos sobre la antigua Roma

www.natgeokids.com/nz/discover/history/romans/10-facts-about-the-ancient-romans/#!/register

Aprende en este sitio hechos divertidos de la antigua Roma.

Nota del editor para educadores y padres: nuestro personal especializado ha revisado cuidadosamente estos sitios web para asegurarse de que sean apropiados para los estudiantes. Muchos sitios web cambian con frecuencia, por lo que no podemos garantizar que posteriores contenidos que se suban a esas páginas cumplan con nuestros estándares de calidad y valor educativo. Tengan presente que se debe supervisar cuidadosamente a los estudiantes siempre que tengan acceso al Internet.

ÍNDICE